ESTABA ESCRITO

ESTABA ESCRITO

ALDIVAN TORRES

Canary Of Joy

Contents

1 Estaba escrito   1

I

Estaba escrito

Estaba escrito
Aldivan Torres

Autor: Aldivan Torres
2020- Aldivan Torres
Reservados todos los derechos.

Este libro, incluidas todas sus partes, está protegido por derechos de autor y no puede reproducirse sin el permiso del autor, revendido o transferido.

Aldivan Torres, nacido en Brasil, es un escritor consolidado en varios géneros. Hasta el momento, los títulos se han publicado en decenas de idiomas. Desde muy temprana edad, siempre fue un amante del arte de escribir, habiendo consolidado una carrera profesional desde el segundo semestre de 2013. Espera, con sus escritos, contribuir a la cultura internacional, despertando el placer de leer en aquellos que no tienen el hábito. Tu misión es ganarte el corazón de cada uno de tus lectores. Además de la literatura, sus principales atracciones son la música, los viajes, los amigos, la familia y el placer de la vida misma. «Por la literatura, la igualdad, la fraternidad, la justicia, la dignidad y el honor del ser humano siempre» es su lema.

Dedicación y reconocimientos

Dedico este trabajo a mi madre, a mi familia, a mis lectores, a mis seguidores y admiradores. No sería nada sin ti. Además, dedico especialmente este trabajo a todos los que persiguen sus sueños.

Agradezco a Dios en primer lugar, a mis parientes y a mí mismo por siempre creer en mi potencial. Voy a ir más lejos.

"En su corazón el hombre planea su camino, pero el Señor determina sus pasos."

Proverbios 16:9

Presentando

"Estaba escrito" es un trabajo basado en hechos reales. Inspirado por la película del mismo nombre, muestra la trayectoria de un niño nacido en las maderas del noreste brasileño en una familia de agricultores. Frente a todo tipo de adversidad, creció esperando cumplir sus sueños. El joven es un artista en su mayor grado de integridad: Escritor, poeta, compositor y guionista.

La lección más grande que el libro trae es la de perseverancia. No hay sueño difícil o imposible que cumplir. Sólo tiene los elementos apropiados y saber cómo planificar adecuadamente las etapas del proyecto. Deseo que este libro inspire a muchos jóvenes a seguir luchando por sus sueños. Tienes que tener fe en tu potencial. ¡Un abrazo a todos y una buena lectura!

El autor

Estaba escrito

Dedicación y reconocimientos

Presentando

Escena 1 - Cocina

Escena 2 — Escena de la sierra

Escena 3 - En los campos

Escena 4- En el salón de la casa

Escena 5 - En el salón de la casa

Escena 6: En el coche

Escena 7 - En la entrada de la casa del primo

Escena 8 - En la habitación de primo

Escena 9... en el pasillo

Escena 10... en la cocina

Escena 11 - En la habitación del primo

Escena 12... En la cocina

Escena 13 - Delante de la casa del primo

Escena 14 - En el aula

Escena 15: Sala viva del primo

Escena 16 - En la habitación

Escena 17 - En la sala de estar

Escena 18 - En la calle

Escena 19 - Trabajando como liberador

Escena 20 - Llegada a la casa

Escena 21 - Propuesto en la calle
Escena 22 - En la habitación de noche
Escena 23 - En la escuela
Escena 24 - En la sala de estar
Escena 25 - En la habitación
Escena 26 - En el Salón Viviente
Escena 27 - En la oficina
Escena 28 - En el trabajo
Escena 29 - En la sala de estar
Escena 30 - En el trabajo
Escena 31 - En la oficina
Escena 32... En el baño
Escena 33 - En la habitación
Escena 34... en el trabajo
Escena 35 - En la habitación
Escena 36 - En la oficina
Escena 37-trabajo
Escena 38- Casa de Divino
Escena 39... en el trabajo
Escena 40 - En la sala de estar
Escena 41... En la habitación
Ceremonia 42-Oscar
Escena 43-En casa
Escena 44-Playa

Escena 1 - Cocina

Padre
¿Qué tenemos para comer hoy, mujer?
Madre

Lo mismo de siempre.

Padre

Eso es bueno. Al menos hoy tenemos comida.

Divino

Padre, ¿podrías comprarme pan?

Padre

No tenemos dinero, Divino.

Divino

Pero quería tanto comer pan.

Padre

¡Así que trabaja! Hoy me ayudarás en la plantación. Te prometo que, si trabajas bien, te compraré el pan.

Divino

¿Y mi día de estudio? ¿Perderé?

Padre

¿Quieres comer? Recuerden que las recompensas provienen de los esfuerzos.

Divino

¡Muy bien, me voy a trabajar!

Escena 2 — Escena de la sierra

Divino

Padre, ¿qué debo hacer para convertirme en un gran hombre?

Padre

Primero, estudiar. Entonces usa ese conocimiento para tus metas y sueños. Quiero que sepas, hijo mío, que nada se logrará sin esfuerzo ni trabajo. Tendrás que luchar mucho si quieres ganar porque naciste en un ambiente hostil de pobreza e injusticia como lo es el noreste brasileño. Te pido que no te desesperes en tiempos difíciles. Dios está contigo.

Divino

Prometo pelear, mi padre. También cuento con su comprensión cuando lo necesito.

Padre

Lo entenderé. Pero te ruego que no me avergüences delante de la sociedad.

Divino

¿Qué quieres decir?

Padre

Sigues siendo un niño para entender esto. Pero la sociedad es un conjunto de reglas. Para ser respetados, tenemos que seguir sus estándares.

Divino

Perdóneme, padre, pero no estoy de acuerdo. Tengo mis valores y opiniones. Al diablo con la sociedad si va en contra de tus reglas. ¡Solo quiero ser feliz!

Padre

¡Así sea! ¡Prepárate para una dura batalla!

Divino

Soy mínimo, pero ya soy un gran guerrero. Lucharé, y te prometo que no perderé.

Escena 3 - En los campos

Padre

Te enseñaré a plantar, hijo mío. En cada hoyo, coloque tres semillas de frijoles y cuatro semillas de maíz.

Divino

Entendido, padre.
Divino
¡Estoy cansado, papá!
Padre
¡Hemos terminado, hijo! ¡Vámonos a casa!
Divino
¡Solo soy un desastre! ¡No me siento bien!
Padre
¡Cada primera vez es así! ¡Entonces se pone mejor!
Divino
¡Eso espero!

Escena 4- En el salón de la casa

Padre
¡Hijo, voy a comprar comida!
Divino
¡Muy bien, papá!
Madre
La divina está tumbada en la habitación con fiebre alta. ¿Qué hiciste con él?
Padre
¡Nada! ¡Hoy solo trabajamos en los campos!
Madre
¡Amor mío, piénsalo! ¿No estás siendo duro con él?
Padre
¿Por qué dices eso?
Madre
Está claro que este chico no nació en la vida country. Es

demasiado frágil para soportar un trabajo en el campo. Mira lo que le hiciste: Falta de clase y sigue enfermo. ¿Agradado?

Padre

No sabía que iba a pasar. ¿Qué sugieres?

Madre

Es un chico muy dedicado a los estudios. Creo que eso puede ganar en la vida porque tiene mucha fuerza de voluntad. ¿Qué tal si le das una oportunidad? Una oportunidad que no tuvimos.

Padre

Tienes razón. Divino merece esta oportunidad. Lo concederé. Pero aquí en el lugar que nunca tendría oportunidades. Lo enviaré a quedarse con mi primo Abel en la ciudad.

Madre

Gran idea. ¡Qué bueno que reflejaste!

Escena 5 - En el salón de la casa

Divino

Me voy a la ciudad. Agradezco la oportunidad. En cuanto consiga dinero, te lo enviaré.

Madre

No te preocupes por eso ahora. Concéntrate en tus estudios. Aún quiero verte, un gran hombre.

Divino

¡Así es, mamá! ¡Te prometo que lo verás!

Padre

Obedece a tu primo Abel. Estudia duro y nunca dejes de escribir para nosotros. Ven a visitarnos cuando puedas.

Divino

¡Muy bien, papá! Me comportaré bien.
Padre
Gracias, hijo.

Escena 6: En el coche

Divino
¿Puedes ir más rápido, conductor?
Conductor
Los jóvenes están muy impacientes. Esto no va a ninguna parte.
Divino
Nací así. Soy el fruto de estas maderas de mi Dios, donde los pobres no tienen tiempo. Nací con hambre, odio y sed de justicia. ¿Por qué tanta desigualdad en el mundo? ¿Por qué tanta falsedad, mentiras y codicia? ¿No hemos venido todos del polvo y al polvo que volveremos? ¿No somos iguales ante Dios? Por eso, no entiendo las desigualdades de este mundo.
Conductor
Eres demasiado joven para entenderlo. Pero te enseñaré algo. El que está a cargo en este mundo es orgullo y dinero. Los pobres financian los beneficios de los ricos con su trabajo. Esto genera desigualdad. La gente miente para ganar. Los honestos casi siempre pierden porque lo que cuenta es ser inteligente. Aunque somos polvo, muchas personas se sienten superiores porque son hermosas, ricas o famosas. Cuando el hombre es de clase alta simplemente ignora la existencia de la clase baja.
Divino
Exacto. Soy lo contrario de lo que son los demás. Soy un

ser sin prejuicios, con mucha disposición y sueños. No me rindo fácilmente. Me voy de casa de mis padres por primera vez. Voy a vivir con mi primo. Quiero estudiar y ser alguien en la vida.

Conductor

Eso. No nos olvides, pobres campesinos, también soñadores.

Divino

Lo prometo aquí antes que tú. Aunque gane el mundo, no puedo cambiar. Seguiré siendo la gente del país del noreste brasileño. Nada me hará perder mi esencia. Si lo hubiera, no sería hijo de Dios.

Conductor

Una palabra fuerte. ¿De dónde sacaste eso, muchacho?

Divino

Mis entidades me nombraron así. El ser humano es la unión de dos partes, Yin y Yang. Milagrosamente, soy bueno que me dio predicados a ese nombre.

Conductor

Deja de dar clases, chico.

Divino

El noreste es olvidado por las autoridades, pero nunca ha sido olvidado por Dios. Lo cree y habrá encontrado el camino correcto.

Conductor

¡Está bien! ¡Déjame concentrarme un poco ahora! ¡Descansa!

Divino

¡Sí, señor! Estoy en tus buenas manos.

Escena 7 - En la entrada de la casa del primo

Conductor

¡Ya llegamos, muchacho! Ahora depende de ti. Sigue tus sueños, y todos te animaremos.

Divino

¡Gracias, amigo! ¡Aquí está tu pago! Todo lo que querrías para mí, también te deseo.

Conductor

Este dinero me ayudará mucho. En tiempos de desempleo, todo es bueno. ¡Dios te bendiga!

Divino

¡Amén! ¡A todos nosotros!

Escena 8 - En la habitación de primo

Divino

Buenos días, todos, vengo del lugar de esperanza. Mi nombre es Divino, lo que significa pequeño soñador.

Abel

¡El hijo de mi primo! ¡Bienvenido! ¡Siéntete como en casa!

Daniel

Mi nombre es Daniel, Abel es mi padre. En mí, tienes el apoyo que necesitas.

Divino

¡Gracias a todos! ¿Cómo puedo contribuir a una buena relación entre nosotros?

Rosane

Tiene que ser un chico obediente, educado y servicial.

Daniel

Debes ser razonable en tus acciones, conociendo tus límites.

Abel

Tienes que ser comprensivo y respetarme como el jefe de la casa. Tienes que trabajar para pagar tus gastos. Recuerda siempre que no estás en casa de tus padres. Aquí todos tienen su responsabilidad.

Divino

Soy consciente de todo lo que tengo que hacer y de cómo comportarme. Prometo ser útil para todos. Por otro lado, también quiero respeto. Dejé la casa de mis padres decidió ganar. Dígame, Sr. Abel, ¿cuándo empiezo?

Abel

¡Estás en el cielo! Para mí, puedes empezar ahora. Quiero que limpies la casa en general, cuides de los baños sucios, limpies las habitaciones y prepares el almuerzo. Por la tarde, báñate en mi caballo y ve a dar un paseo con mi perro. Por la noche, finalmente puedes estudiar porque ya te he inscrito en la escuela del vecindario.

Divino

¡Muy bien, primo! Pensaste en todo.

Rosane

¡Eso! ¡Pensamos en lo bueno y en nuestra comodidad! Pasaré por la casa de mi hermana mientras trabajas. Sé que la casa estará en buenas manos.

Daniel

Voy a la casa de mi amigo a jugar al videojuego. Me alegra que nos ayudes, Divino.

Abel

Voy a la compañía a encargarme de algunos problemas, y

luego volveré. Vengo a comprobar la calidad de tu trabajo. Me preocupa mucho la calidad de los servicios.

Divino

Todos van con Dios. ¡Estaré bien! Trabajar nunca me ha asustado. Haré lo que pueda.

Rosane

¡Genial, querida!

Escena 9... en el pasillo

Divino

¡Es una casa genial! Ahora veo que no será fácil mantener lo que prometí. ¡Aunque sea difícil, no puedo rendirme ahora! ¡Mi familia depende de mi esfuerzo por sobrevivir! No puedo decepcionarlos. Todos los obstáculos me dan la fuerza para continuar. Independientemente del resultado, me considero un ganador.

Divino

¡Terminé de limpiar! Ahora voy a preparar el almuerzo.

Escena 10... en la cocina

Divino

¡No tengo mucha experiencia con la comida! ¿Podré preparar algo bueno?

Divino

Como dice mi madre, para que la comida sea buena, tiene que hacerse con amor. ¡Esto tengo un montón dé!

Abel

Divino, ¿estás listo?

Divino

Sí, ya lo terminé.

Abel

Necesito tu ayuda. ¡Vamos a la habitación!

Divino

¡Está bien!

Escena 11 - En la habitación del primo

Abel

¡Eres muy guapo, Divino! ¡Te enseñaré algo!

Divino

¿Es bueno o malo?

Abel

¡Es transformador!

Abel viola Divine

Divino

¡Monstruo! ¿Por qué me lastimaste así? ¡Parece que me gustó!

Abel

Eso significa que eres homosexual.

Divino

¿Qué es homosexual?

Abel

Gente que le gusta el mismo sexo. Agradéceme por descubrirte a ti mismo.

Divino

¡No sé si te odio o gracias! ¡El futuro lo dirá!

Abel

No se lo digas a nadie. ¡De lo contrario, te mataré!

Divino

¡Salva mi vida! Todavía quiero ganar en la vida.

Abel

Así que sé tacto.

Divino

Te prometo que lo haré.

Escena 12... En la cocina

Rosane

¡Esto es una mierda! ¿No sabes cocinar, Divino?

Divino

¡Hice lo que pude!

Rosane

Ya he visto que no tienes mucho talento. Me haces cocinar. ¿Has pensado en el daño que me vas a causar a mis uñas? Despedí a la criada cuando oí que venías.

Divino

¡Lo siento mucho! Por favor, perdóname y déjame continuar en esta casa.

Rosane

¿Qué piensas, Abel?

Abel

Hizo una gran limpieza por la casa. Además, es cuidadoso y trabajador. Por lo tanto, ¡merecen una oportunidad!

Daniel

¡Eso, madre, dale una oportunidad! ¿Con quién me desahogaría? ¿Con quién pelearía o insinuaría?

Rosane

Está bien. Ya he visto que tengo un corazón de oro por poder soportar esta hambre aquí en casa. ¡Esta es la familia de tu padre! Solo me da problemas.

Abel

¡No hay familia perfecta, mujer! Piensa en ello como un acto de caridad.

Rosane

Ahora dime, tonto, ¿quién nos compadece cuando estamos en la alcantarilla? Solo podemos contar con nosotros mismos.

Divino

Cuando decidí venir aquí, vine a colaborar. Ayudé a mi manera con mi esfuerzo. Dios sabe lo importante que es para mí estudiar. Pero si estoy siendo una carga para todos, puedo irme.

Abel

No lo digas Divino, le prometí a tu padre. No escuches a otros. Recuerda que soy el jefe aquí.

Divino

Gracias, primo.

Daniel

Todas las familias son así, Divina. Mi madre y yo no tenemos temperamento fácil. Pero te acostumbras a tiempo. En la vida nos acostumbramos a todo, ¿no?

Divino

No siempre, Daniel. A veces las circunstancias nos llevan a decisiones drásticas. Aunque estamos al principio de todo.

Daniel

Sí, el cielo o el infierno empezaron para ti.

Abel

Divina, ve y cuida de tus otras obligaciones. Nos vemos luego.

Divino

¡Está bien! ¡Me voy!

Escena 13 - Delante de la casa del primo

Divino

Ya llevé al perro a dar un paseo y ya bañé el caballo. Cumplí mis obligaciones de la tarde. ¿Cómo voy a estudiar agotado?

Ángel

Fuerza, Divina. Estoy contigo todo el tiempo.

Divino

¿Quién eres?

Ángel

Soy tu ángel guardián. A partir de ahora, siempre estaremos en conexión.

Divino

¿Qué es un ángel guardián?

Ángel

Soy tu protector espiritual. Acepto tus peticiones a Dios y te protejo de todo mal.

Divino

Estoy muy agradecido por eso. ¿Qué me dices de qué esté en la casa de extraños?

Ángel

Esto generará aprendizaje para ti. Pero siempre recuerda tu espíritu guerrero, eres como el león de David que no se somete a nadie.

Divino

Lo sé. Estoy en un momento difícil y confuso. Mis sueños están siendo atropellados. Necesito pelear, pero la corriente es fuerte.

Ángel

Lucharé contigo. Tu Dios es más fuerte que la corriente. Sigue tu intuición siempre.

Divino

Lo intentaré. Algo me dice que siga adelante y enfrente la situación. Confío en la victoria.

Ángel

Muy bien. Nos vemos luego.

Divino

Nos vemos luego.

Escena 14 - En el aula

Maestro

Buenas noches a todos. Espero que todo el mundo esté bien. Veo que hay un novato en el aula. ¿Cómo te llamas?

Divino

Mi nombre es Divino. Vengo del interior con muchas agallas. Quiero estudiar y ser alguien en la vida.

Estudiante

Divino, este es el nombre de un marica.

Divino

No sé a qué te refieres. Pero me gusta mi nombre.

Estudiante

Así que, eres abiertamente marica. ¿No es gente?

Los otros

¡Maricón!
Shirley
¡Déjalo en paz, idiotas! No les hagas caso, Divino. ¡Son solo sin amor!
Divino
Gracias por defenderme. ¡Eres hermosa y amable!
Shirley
¡Tú también! ¡Recibe mi regalo! ¡Estos dulces lo hice yo mismo!
Divino
¡Gracias! ¿Cómo te llamas?
Shirley
Shirley. ¡Mucho placer!
Divino
¡El placer es todo mío!
Maestro
¿Cuánto es la raíz cuadrada de cuarenta y nueve?
Estudiante
¡Veinticinco!
Otro estudiante
¡Diez!
Divino
¡Diez!
Maestro
¡Felicidades, Divina! ¡Eres inteligente para tu edad!
Divino
¡Gracias, profesor!
Estudiante
¡Eso fue suerte!
Divino

¡Era competencia! ¡Estudié mucho tiempo! ¡Sigue mi ejemplo!

Estudiante

¡Dios no lo quiera! ¡No quiero ser marica! ¡Soy un hombre!

Maestro

¡Concéntrense, chicos! ¡Estudiamos!

Escena 15: Sala viva del primo

Abel

¿Cómo estuvo tu día de estudio?

Divino

Muy útil a pesar de las dificultades. ¡Me gustó mucho! Tengo mucha esperanza.

Abel

¡Qué bien! ¡Me alegro por ti!

Rosane

¿Qué llevas en la bolsa, Divine?

Divino

Un caramelo que una chica me dio como regalo.

Daniel

¡Me encantan los dulces! ¿Puedo quedarme con ellos, mamá?

Rosane

¡Por supuesto, hijo! ¡También me encantan los dulces!

Divino

¿Qué? ¡El regalo es mío!

Abel

¡Sé generoso, Divino! Recuerda que no estás en tu casa. Todo lo que viene aquí es nuestra propiedad.

Divino

¡Está bien! ¡Quédate con los caramelos! ¡Al menos no tendré diabetes!

Rosane

Tampoco tendremos diabetes, asaltar. Separémonos entre nosotros. Gracias por entender. ¡Sigue siendo amable! ¡Buenas noches!

Divino

¡Una gran noche!

Escena 16 - En la habitación

Divino

¡Estoy completamente agotado y mareado! Cuando salí del lugar, no imaginé que fuera tan difícil. Me siento impotente ante los obstáculos. ¡Solo estoy conmovido por la fe!

Ángel

¡Eso! ¡Tienes mucha fe! ¡Dios está contigo, Divino!

Divino

Me alegro de que estés aquí. Eres el único amigo que tengo.

Ángel

Siempre estoy contigo. Fortaleceré tu fe en el paseo. ¡Tú trayectoria es larga!

Divino

¿Largo y lleno de sufrimiento? ¿Cómo voy a soportarlo? Ni siquiera puedo tener lo mío en esta casa.

Ángel

¡Eres libre de tomar decisiones! Dondequiera que vayas, enfrentarás dificultades. Pero cada experiencia fortalecerá su carácter y su fuerza.

Divino

Soy tan pequeña. ¿Puedo tomar decisiones? ¿Y mi familia?

Ángel

En este momento, solo dependen de sus fortalezas. ¡Continúen con determinación, agallas y coraje!

Divino

¡Tienes razón! No me gusta esta casa. Quiero conocer y enfrentar el mundo.

Ángel

¡Gran idea! ¡Estaré contigo!

Divino

¡Gracias, amigo!

Escena 17 - En la sala de estar

Divino

¡Ha llegado el gran día! ¡Me voy de esta casa!

Rosane

¿Qué pasa, chico tonto?

Divino

¡Eso es lo que oíste, bruja! Estoy muy cerca de mi libertad.

Rosane

¡No sobrevivirás! El mundo exterior es mucho peor de lo que crees.

Divino

¡Estoy listo! Estoy cansado de ser tu portero, de no tener mi libertad o mis cosas. Además, crecí, y ahora quiero mi espacio.

Daniel

¿Qué le voy a decir a tus padres? ¿No piensas en tu familia?

Divino
Estoy seguro de que apoyarían mi decisión. En esta casa nunca seré feliz. Necesito probar nuevos caminos en mi trayectoria. Necesito encontrarme.

Abel
Estoy orgulloso de tu determinación. Eres admirable. Me queda desearte buena suerte y pedir perdón por mis fracasos.

Divino
Gracias por la estancia por esta vez. No quiero ni puedo detener quejas y resentimientos de nadie porque necesito ser feliz. ¡Estén en paz!

Escena 18 - En la calle

Divino
Estoy caminando durante horas sin destino. ¿Qué hago, Dios mío?

Mujer de la calle
Veo que estás perdido. ¿Qué chico tan guapo como tú hace por aquí?

Divino
Dejé la casa de mi primo.

Mujer de la calle
¿Por qué te fuiste?

Divino
No estaba feliz allí. Yo era el portero de todos. Además, viví horribles días, meses y años en compañía de gente mezquina. Adicionalmente, sufrí atrocidades.

Mujer de la calle
¡Pobre cosita! Imagino tu sufrimiento. Admiro tu coraje

para salir de casa. ¿Pero alguna vez pensaste que podría haber sido una decisión equivocada? ¿Qué te hace creer que en la calle conseguirás algo mejor?

Divino

Honestamente, no sé lo que me espera en esta nueva fase de mi vida. Pero no tengo miedo. Si sobreviví más de una década de humillación, puedo conquistarlo todo. ¡Todavía seré el orgullo de mi familia!

Mujer de la calle

Ya eres el orgullo de tu familia. Asegúrate de eso. Mira, soy administrador de este lugar. Quédate aquí conmigo y te protegeré. Vivir en las calles es extremadamente peligroso para jóvenes inocentes como tú.

Divino

Muchas gracias. ¡Dios te bendiga! Estoy listo para pelear y ganar de nuevo. ¿Cómo te llamas?

Mujer de la calle

¿Mi nombre es Katherine y tú?

Divino

Mi nombre es Divino. También soy conocido como el hijo de Dios, el viento y el pequeño soñador.

Mujer de la calle

Bienvenido, hijo de Dios, que honra.

Divino

El placer es mío.

Escena 19 - Trabajando como liberador

Divino

Buenos días, ¿quiere ayuda, señora?

Mujer

Sí, joven. ¿Podrías coger mis maletas? Son muy pesados.

Divino

Claro que sí. Estoy a su disposición. ¿Adónde vamos?

Mujer

A mi casa. ¡Sígueme!

Divino

¡Está bien!

Mujer

¿Cómo te llamas, joven guapo?

Divino

Llámame Divine. ¿Y tú?

Mujer

Soy Casandra. Qué nombre tan hermoso. ¿Dónde vives?

Divino

Soy un vagabundo. He estado tratando de sobrevivir con estos pequeños trabajos por un tiempo.

Mujer

Eres admirable. Ahora me estás haciendo curiosidad. ¿Podrías contarme un poco sobre tu historia?

Divino

Sí, por supuesto, con placer. Nací en el interior, en una familia de granjeros. Desde temprana edad aprendí a valorar el trabajo y la lucha. Ni siquiera viviendo con la sequía, el hambre y la indiferencia de las autoridades, nunca dejé de soñar. Mi objetivo era estudiar y convertirme en un buen hombre. Quiero ganar con mi fuerza. Como no tenía opciones para estudiar en el campo, me enviaron a la casa de mi primo en esta ciudad. Ahí es donde viví un infierno. Además de trabajar como esclavo, me humillaron en todo momento. Para tener la oportunidad de ganar, me tragué el llanto y seguí peleando. Fue más de una década de sufrimiento y dolor constantes donde estaba ese es el portero. Por eso prefiero vivir en las calles. Sigo con mis sueños sin molestar a nadie. No sé cuándo ganaré, pero la victoria es segura y prometida por mi Dios. Este glorioso ser es llamado Jesús. Es el padre de los pobres y olvidado por el mundo.

Mujer

Qué historia tan impresionante. ¿Cuál es tu sueño principal?

Divino

Quiero ser cineasta. Quiero contar mi historia y la historia de otras personas a través de las pantallas de cine. Además, veo en este arte una cosa fantástica: la escena de varias realidades. Adicionalmente, a menudo lloro con escenas conmovedoras y dramáticas. La cuestión de superar los obstáculos, combatir la injusticia, el abuso de los crueles, enfrentar la desigualdad entre otros generan historias sorprendentes. Esto es lo que quiero hacer: Crear historias.

Mujer

Es un sueño noble, pero bastante difícil. ¿Crees que es fácil hacer películas en un país del Tercer Mundo donde la financiación de las obras depende casi exclusivamente del dinero del gobierno? ¿Has pensado en competir con cine extranjero? La competencia es demasiado brutal y el riesgo de fracaso es demasiado grande.

Divino

Ya sé todo esto, pero no me rindo. Se hicieron obstáculos para superar. Si sigo vivo después de todo lo que he sufrido, hay un plan más grande en mi vida. Seré David enfrentando a Goliat sin miedo a perder. Solo intento que ya soy un ganador.

Mujer

Su fuerza es admirable y envidiable. Si pensara como tú, no me había rendido tan joven.

Divino

¿Cuál era su sueño?

Mujer

Mi sueño era ser escritor profesional. Pero después de una década de fracasos, me rindo. Terminé retirándome como profesor de primaria.

Divino

No quería fallar. Además, quería marcar la diferencia. Adicionalmente, quería que un día estuviera en los Oscar, recibiera un premio para mi país. Además, no quería este premio por vanidad, solo quería mostrarle al mundo que cuando creemos en sueños y luchamos por ellos, la victoria es posible.

Mujer

Ganarás. Quiero vivir para ver ese día y aplaudirte de pie. ¡Creo en tu conquista del mundo!

Divino

¡Que Dios te escuche! No sé si soy digno de esta gracia algún día, pero lo intentaré. Por el momento, solo quiero sobrevivir con mis trabajos. Por eso pido tu generosidad.

Mujer

Te lo mereces. Haré todo lo que esté en mi poder. ¡Felicidades por ser este joven soñador!

Divino

Gracias por los elogios. ¡Sigamos adelante! ¡El clima es urgente!

Mujer
¡Tienes razón! ¡Sigamos con fe!

Escena 20 - Llegada a la casa

Divino
¡Aquí están sus cosas, señora! Fue un placer ayudar.
Mujer
Aquí está tu pago. He incluido un bono, para que pudieras animar tu sueño.
Divino
Gracias por su amabilidad. Dios y sus ángeles siempre te protegerán. Fuiste excepcional para mí. Es muy probable que no nos volvamos a ver, pero te recordaré durante mi carrera. Lo llamaré esperanza.
Mujer
Tu esperanza no es vana. Está escrito que por formas tortuosas encontrarás tu felicidad. ¡Ten esperanza y fe!
Divino
Tengo toda la confianza en Dios y en mí mismo. ¡Está escrito!

Escena 21 - Propuesto en la calle

Hombre
¿Qué haces en la calle, chico?
Divino
He sido un vagabundo desde que dejé la casa de mi primo. Allí, la atmósfera era insoportable, y prefería vivir aquí.

Hombre

¡Qué tragedia! Me gustaría ayudarte. Vivo solo desde que mis padres murieron. ¿Quieres vivir conmigo?

Divino

¿Estás seguro? ¿No molestaré? Tener un hogar es todo lo que ahora quería.

Hombre

No hay problema. Tu compañía disminuirá mi soledad. Algunas personas ya han rechazado mi oferta porque mi casa está embrujada.

Divino

¿Embrujado? ¿Quieres decir habitado por espíritus? Bueno, debe ser mejor que vivir en las calles.

Hombre

Eso depende de la persona. Pero propondré una prueba. Quédate en mi casa un rato. Esto puede ayudarte a desarrollar tu Medianidad.

Divino

¿Te diste cuenta de que soy un médium?

Hombre

Exacto. Tengo sensibilidad a estas cosas. ¿Vamos?

Divino

Sí, vamos.

Hombre

Háblame un poco de ti.

Divino

Mi nombre es Divino. Vengo del interior a la gran ciudad buscando mis sueños. Vine a estudiar e intentar ser un buen hombre. ¿Y tú?

Hombre

Soy un heredero de un par de hombres de negocios. Dirijo mi negocio y vivo aquí sola. En mi tiempo libre, intento entender el universo un poco mejor. Pero dime: ¿Qué son estos sueños?

Divino

En primer lugar, tener estabilidad financiera. Posteriormente, quiero convertirme en cineasta. Me encanta el arte de la narración.

Hombre

¡Qué genial! Esto es realmente extraordinario. ¿Te imaginas contar tu historia y ganar un premio? ¿Qué orgullo darías a tu familia y a tu país?

Divino

Esto sigue siendo un sueño lejano. Mi realidad actual es trabajar y estudiar. Sin embargo, la esperanza me lleva al futuro.

Hombre

¡Gran verdad! Si está escrito, sucederá. Eres muy joven y con un futuro por delante.

Divino

¡Eso espero! ¿Y la Medianidad?

Hombre

Te traje para que entiendas mejor este regalo. Considere mi estancia un período de desarrollo y descubrimiento. ¡Seré tu amo!

Divino

¡Qué honor! ¡Me esforzaré por ser un buen aprendiz! Me escapé de ella toda mi vida, pero ahora es el momento correcto.

Hombre

Sí. Todo tiene su tiempo. ¡Bienvenido a mi casa!
Divino
¡Muchas gracias!

Escena 22 - En la habitación de noche

Divino
Papá, quería darte las gracias por un día más. Fue otro día de trabajo, pero siento su presencia en cada obstáculo anticuado. Me siento como tu hijo porque eres mi comodidad y refugio. ¡Buenas noches!
Vampiro
¡Te destruiré! ¡Quiero morderte!
Divino
¿Qué quieres decir? ¿Quién eres?
Vampiro
Soy el primer vampiro del mundo. ¡Vine a chuparte la sangre!
Divino
¡No puedes porque soy buena!
Ángel
¡Eso es! ¡Deja al chico en paz, monstruo! Si no, respondes ante mí.
Vampiro
¡Tú suerte está realmente buena! Me voy expulsado por el Espíritu Santo. ¡Siempre agradecérselo, muchacho!
Divino
Me alegro de que estés aquí. Temía que ese monstruo me hiciera daño.
Ángel

Aunque el mal se acerca a ustedes, no les hará daño. Eres el ungido del santo padre. ¡Por lo tanto, tu nombre es hijo de Dios!

Divino

¡Toda la gloria al Señor para siempre! Mira, necesito hablar contigo. ¿Qué te pareció mi decisión de vivir aquí?

Ángel

Sus formas se están definiendo gradualmente más. Si está aquí, es por voluntad divina. Aproveche la situación para aprender más sobre las relaciones humanas y su don. Esto te dará un crecimiento increíble.

Divino

Realmente necesito evolucionar y convertirme en el hombre que sueño y deseo. Necesito entender las líneas de la vida y ser como el río fluyente, completamente entregado al destino. El poderoso Dios me guiará.

Ángel

Todo termina bien cuando termina bien. Estoy de tu lado, Divino. Soy tu compañero en este arduo viaje. Estamos en el camino de la victoria.

Divino

Sí, solo por el esfuerzo, ya somos ganadores.

Ángel

Mantente en paz. Siempre te protegeré.

Divino

¡Muchas gracias!

Escena 23 - En la escuela

Divino

Kate, quería decirte algo.
Kate
¿Cuál es?
Divino
Me gustas. Han pasado tres años que estudiamos juntos en el instituto y desde el primer momento que me gustas. ¿Te gustaría ser mi novia?
Kate
Divino, ¿qué te pasa? Nunca te di esperanza de salir. Quiero dejar claro que somos solo colegas. Además, ya tengo novio.
Divino
Perdón por mi declaración. Siempre me trataste tan bien que pensé que tendría una oportunidad. Prometo que nunca volveré a mencionarlo.
Kate
Me alegro de que seas sensato. Además, fingiré que no recibí esta declaración. Mantén la calma. Mi novio no lo sabrá.
Divino
¡Gracias por eso!

Escena 24 - En la sala de estar

Divino
Buenas noches.
Hombre
Buenas noches. ¿Cómo estuvo la escuela, Divine?
Divino

Trágico. Acabo de ser rechazado por la chica que me gustaba.

Hombre

¡Dios mío! ¡Pobrecita! Siéntate aquí y descongélate.

Divino

Creé coraje y me declaré a ella. En respuesta, fui rechazada. Me dolió tanto, pero ella estaba preocupada, y éramos buenos compañeros de escuela.

Hombre

Esto es normal. ¿Quién nunca ha sido rechazado en la vida? Lo he estado varias veces yo mismo. Creo que es una gran oportunidad para reflexionar y cultivar el amor propio.

Divino

Claro que estoy feliz. Sin embargo, no tengo afecto y compañía. He estado estudiando con esta chica durante tres años. Pensé que se sentía igual que yo.

Hombre

Esto es triste. La decepción maltrata al alma. Pero eres demasiado joven. Estoy seguro de que lo superarás y continuarás teniendo esperanza en encontrar a ese alguien especial. Creando que existe en algún lugar de este mundo.

Divino

Siento que existe. Quiero seguir con mi vida normal. Todo está en el tiempo de Dios. Gracias por el consuelo.

Hombre

¡Para nada!

Divino

¡Me voy a mi habitación ahora! ¡Buenas noches!

Hombre

¡Buenas noches!

Escena 25 - En la habitación

Divino

Estoy completamente solo en este mundo. Mi familia está lejos y no puede ayudarme. ¿Qué hago, Dios mío? Mis sueños no se han cumplido todavía. ¿Y si muero? Estoy petrificado de eso.

Dios

¿Tienes miedo de la muerte, Divino? Sabe que la muerte no existe porque eres un ser eterno.

Divino

Sé que lo estoy. Pero esto no es suficiente para controlar el sentimiento que me invade cuando pienso en ello: saber que todo lo que he construido y luchado se perderá con mi memoria.

Dios

No será olvidado. Vivirás a través de tus escritos. ¿Has pensado en cuánta gente vas a ayudar? Tu memoria no será borrada por ellos. Recuerda: Si no hubiera muerte no habría vida y viceversa.

Divino está llorando.

Dios

¿Por qué lloras? No llores porque yo también lloraré.

Divino

No puedo explicarlo, es involuntario.

Dios

¿Qué quieres? ¿Quieres que haga contigo lo mismo que hice con Enoc?

Divino

¿Cómo sería?

Dios

Crearía un huracán y te llevaría a los cielos vivos. Cada día, vuelvo a la tierra para conseguir comida para él. Es tan hermoso como tú.

Divino

No, gracias. No soy mejor que mis padres. Tengo que cumplir mi misión. Además, moriría si me metiera en un huracán.

Dios

No morirías, hombre de poca fe. No perderías ni una sola hebra de tu pelo.

El divino sigue llorando

Dios

Basta, tu joven malcriado. Mira, te prometo que serás el primero en levantarte de nuevo en el mundo nuevo. ¿Sabías que los ángeles están llorando hasta ahora?

Divino

Perdóname. Soy un tonto. ¿Cuándo llegará el nuevo mundo?

Dios

Dentro de 10 mil años. Si revelas este secreto, no hay problema. Cambié mis planes.

Divino

No te preocupes. Sé guardar secretos cuando es necesario. Gracias por las palabras.

Dios

De nada. Bueno, voy para allá. Cuando mueras, vendré a buscarte. Antes, os revelo un misterio: sois una de las pequeñas partículas del Cristo resucitado. En mi gran bondad, querían que mis hijos fueran eternos. Así que convirtió sus partículas sagradas en espíritus. Eres uno de ellos, el más bendecido. Contigo, estoy muy contento. ¿No es sorprendente? Mientras el mundo llorará tu pérdida, sonreiré porque volverás a mi casa.

Escena 26 - En el Salón Viviente

Divino

¡Buenos días! Quiero darte buenas noticias. Hoy es mi primer día de trabajo en un buen trabajo.

Hombre

¡Qué buenas noticias! ¿Cómo te sientes ahora?

Divino

¡Es un nuevo comienzo! Con la estabilidad del nuevo trabajo, finalmente podré reanudar mis sueños artísticos.

Hombre

Eso es muy bueno. Que este trabajo sea un paso a tu éxito.

Divino

¡Que Dios te escuche! Reanudaré mi trabajo inmediatamente. Invertiré en mí mismo para poder cosechar los frutos de este trabajo en el futuro.

Hombre

Lo hace muy bien. Haga su trabajo cuidadosamente respetando a su vecino. Recuerda tratar a todos profesionalmente.

Divino

Está bien. Haré todo lo posible para desempeñar un buen papel. Deséame suerte.

Hombre

Buena suerte y éxito en su nueva empresa.

Divino
¡Gracias!

Escena 27 - En la oficina

Divino
Buenos días. Soy el nuevo empleado de esta compañía.
Jefe
¡Claro! ¡Bienvenido! Soy tu jefe. ¿Qué podemos esperar de ti?
Divino
Puede esperar compromiso, dedicación y trabajo duro. Vine a agregar talentos al equipo. Por su parte espero comprensión, respeto, lealtad, honestidad y justicia.
Jefe
¿Cuáles son tus mejores cualidades en el trabajo?
Divino
Trabajo en equipo, eficiencia, capacidad de aprendizaje, profesionalismo, isonomía y consecución de objetivos.
Jefe
¡Muy bien! Eso me complace mucho. Quiero saber ahora sobre tus objetivos en esta institución.
Divino
Realice bien la misión principal de la institución y con el salario recibido invertir en mi carrera artística.
Jefe
¿Cuál es tu arte?
Divino
Soy escritor, compositor, poeta y guionista. Mi sueño del futuro es vivir completamente de mi arte.

Jefe

¿Estás seguro? Aquí en Brasil no conozco a nadie que viva en el arte. Creo que vivir exclusivamente del arte es una gran locura.

Divino

Tienes razón. Pero quizás pueda destacar. También he traducido obras al extranjero. Mi sueño es ser guionista en Hollywood.

Jefe

Tengo que estar de acuerdo contigo. Por fuera, las cosas pueden ser más fáciles. Espero que logres tu sueño. Pero, ¿qué tal si vuelves a la realidad y te pones a trabajar? ¿Está listo?

Divino

¿Cuándo empiezo?

Jefe

Ahora mismo.

Escena 28 - En el trabajo

Divino

Buenos días a todos. Soy el nuevo empleado de la institución. Mi nombre es Divino.

Rick

¡Bienvenido!

Ingrid

Bienvenido al grupo. ¡Da lo mejor que puedas!

Brian

Soy Brian. ¿Te acuerdas de mí? Nos conocimos en la red social.

Divino

Lo recuerdo. Participamos en esta misma selección. Bienvenido, también.

Brian

Gracias, Divine. Me alegro de ser tu nuevo compañero de trabajo.

Divino

El placer es mío. Puedes contar conmigo para cualquier cosa.

Brian

Lo sé. Lo recíproco también es verdad.

Divino

Licencia para todos. Voy a entrenar lo que el jefe recomendó. Nos vemos luego.

Narración

Fue un día intenso de luchas para el chico soñado. En medio de los obstáculos iniciales, se encontró con grandes dudas. Sin embargo, su fuerza para ganar era mayor que nada. La victoria era su única alternativa si quería seguir soñando.

Escena 29 - En la sala de estar

Divino

Buenas noches, amigo. ¿De acuerdo?

Hombre

Todo bien, Divino. Te estaba esperando. ¿Cómo estuvo tu día de trabajo?

Divino

Fue un día difícil, pero fue fructífero. Las primeras impresiones no fueron del todo malas. Es un trabajo como cualquier otro con ventajas y desventajas. Espero aprender rápido y destacar.

Hombre

Muy bien. Déjame decirte algo, Divino. Ten mucho cuidado. Si se destacan, provocará bastante envidia en sus colegas. Esto hará que el lugar de trabajo sea bastante complicado.

Divino

¿Qué puedo hacer? Tengo que justificar mi salario. He superado muchas cosas en mi vida. Si ocurre algún problema, sabré exactamente cómo actuar. No te preocupes.

Hombre

Esto es inevitable. Está escrito: Entre los caminos tortuosos, encontrarás la felicidad. El trabajo te dará un crecimiento personal increíble. Esto puede inspirarte en libros y guiones. Disfrute de este importante momento de interacción social.

Divino

¡Exacto! ¡Mi nombre está superando! He pasado por innumerables servicios, cada uno con su aprendizaje. De campesino a oficial de un gran instituto. Fue un salto gigante. Pero aún quiero más. Quiero ganar un gran premio para Brasil en literatura y cine.

Hombre

¡Dios te bendiga! Eres un ser bendecido e increíble. Se merece toda la felicidad del mundo. ¿Qué hay del amor? ¿Cómo se siente?

Divino

Mi clarividencia me dice que seré feliz. No sé cuándo ni

cómo sucederá, pero encontraré a la persona adecuada. Todavía tengo esperanzas incluso después de cinco rechazos.

Hombre

Usted es persistente en sus metas. Eso es interesante. Cinco rechazos. ¿Qué has hecho mal, Divino?

Divino

No hice nada malo. Dios me está preservando para la persona correcta. Voy a darle mi virginidad al ser querido.

Hombre

¿Tu virginidad? Qué hermosa actitud. Esto es muy raro hoy en día. ¿Por qué decidiste eso?

Divino

Hoy vivimos en un mundo totalmente sin amor. La mayoría de la gente se prostituye y vive en relaciones casuales. Lo hacen con miedo al sufrimiento y a la decepción. Soy totalmente lo contrario de eso. Mi ética no permite relaciones casuales. Mi cuerpo es sagrado y tu placer será dado a la persona correcta.

Hombre

¿Y si esa persona no llega? ¿Qué vas a hacer?

Divino

Seré feliz de todos modos. Seré feliz con mi trabajo y con mi caridad. Además, ayudo a mi familia y a varias personas cercanas con mi trabajo.

Hombre

¡Muy bien! ¡La caridad borra todo pecado! Continúa así y tendrás el cielo como recompensa.

Divino

Esta es una de mis metas también. ¡Espero conseguirlo!

Hombre

¡Que así sea!

Escena 30 - En el trabajo

Divino

Buenos días a todos. Te traje un regalo. Le daré a cada compañero de trabajo una copia de mi libro fuerzas opuestas. Esta es mi primera novela escrita en vacaciones escolares.

Brian

Qué guay, Divine. ¿Qué escribiste aquí? ¿Algún secreto?

Divino

En este libro está mi alma, mis sueños y mi fantástica ficción. Espero que lo disfrutes. Quizás no me conozcas mejor.

Brian

Me encantará, Divino. Siempre es bueno conocer mejor a tus amigos.

Ingrid

Me gustan los libros. Me gusta la literatura espiritual y romántica. Gracias por el regalo.

Divino

¡Para nada!

Rick

También me gusta leer, películas y teatro. Pero no prometo nada. Después de todo, eres un escritor desconocido. Te garantizo que, si no me gusta, servirá solo como adorno en mi estante.

Divino

Está bien. ¡Lee! ¡Estoy abierto a las críticas y a las sugerencias! Lo que quiero es aprender y evolucionar mi escritura cada vez más.

Rick

¡Qué bien! ¡Éxito!

Divino

¡Gracias! ¡Ahora voy a empezar a trabajar! Buenos días a todos.

Escena 31 - En la oficina

Divino

Brian, ayúdame. Tengo problemas con una tarea.

Brian

¿Cuál es el problema?

Divino

Olvidé el código de formato para la tarea. ¿Te acuerdas?

Brian

Lo recuerdo. Usa la tecla de entrada.

Divino

¡Funcionó! Gracias por su ayuda. Eres tan amable conmigo.

Brian

No hago más que mi obligación. ¿Recuerdas que somos compañeros de trabajo? Me gusta ayudarte. Eres una buena persona.

Divino

Tú también eres una buena persona. ¡Si me necesitas, puedes llamar!

Brian

¡Así es! ¡Llamaré! ¡Se lo aseguro!

Escena 32... En el baño

Divino

¿Qué me está pasando? Dios mío, ¿qué pasa? ¡Tus dulces y amables palabras tocan mi alma! Tu presencia física me hace temblar, y no sé cómo actuar. Esto me recuerda algo triste en el pasado. ¿Será que la historia se repite de nuevo? Tengo que ser cauteloso. ¡Me voy a casa ahora! ¡Además, necesito hablar con mi ángel! ¡Además, necesito tu consejo tan eficaz!

Escena 33 - En la habitación

Divino
Uriel, necesito tu ayuda. ¡Aparece!
Uriel
Estoy aquí, señor. ¿Cómo puedo ayudar?
Divino
Mis sentimientos están confundidos. Después de cinco rechazos, acabo de descubrir que estoy amando a alguien.
Uriel
Genial, Divino. ¡Eso significa que eres un hijo de Dios! ¡El amor es un sentimiento que ennoblece el alma!
Divino
No conozco a mi ángel. Ya he estado tan decepcionada. Esto no debería haber ocurrido. No merezco sufrir como las otras veces. ¿Entiendes? Son amores completamente locos e imposibles. Soy homosexual y él es heterosexual. ¡Esto no es Amor! Es una desgracia viajante.
Uriel
¿Quién dijo que sería fácil? El amor es inexplicable y tiene

razones que la razón misma no lo sabe. Ahora no hay vuelta atrás. Es tu decisión.

Divino

Estaré callado. Analizaré la situación y luego decidiré. Además, tengo la intención de mantener este trabajo por mucho tiempo. Pero si no lo necesitara, habría huido como lo hice en otras ocasiones.

Uriel

Lo entiendo. Me alegro de que tengas razón. Sigue así y conseguirás el éxito rápidamente.

Divino

¡Esperemos! Reza por mí, ángel.

Uriel

¡Hago esto todos los días! ¡No te pasará nada malo! ¡Lo prometo!

Divino

¡Te amo! ¡Quédate conmigo siempre!

Uriel

¡Que así sea!

Escena 34... en el trabajo

Divino

Buenos días a todos. Es mi cumpleaños en siete días. Es una cita especial porque tengo treinta años.

Uriel

¿No nos vas a invitar? Nos gustaría conocer tu casa y tu familia.

Divino

Mis padres viven en el campo y son indigentes. No he podido comprarles una casa. No puedo recibir gente importante como tú.

Rick

Deja de hablar, Divino. ¿No somos tus amigos? ¿Qué hay de malo en recibirnos en tu casa? No te preocupes, somos gente simple.

Brian

Exacto. Queremos ponernos en contacto con tu familia y estar cerca de ti en una cita tan especial. Esto es importante para mí.

Divino

Me disculpo con todos, pero no es el momento. Cuando las cosas mejoren, prometo invitarlas.

Brian

Bien, entonces. Lo entendemos. Pero recuerda qué promesa es la deuda.

Divino

No te preocupes. Este momento llegará.

Escena 35 - En la habitación

Divino

No sé cuál será tu reacción, pero debo intentar por última vez alcanzar mi felicidad. Hasta ahora, he acumulado nueve rechazos. Está en manos de Dios.

Escena 36 - En la oficina

Brian

Divino, leí tu mensaje. Tenemos que hablar urgentemente.
Divino
Muy bien, Brian. ¡Estoy listo!
Brian
Divina, no sé lo que piensas de mí, no creo que me conozcas bien. Si alguna vez te hice pensar que tendrías posibilidades conmigo, te pido perdón. Pero ves, estás fundamentalmente equivocado. Estoy satisfecho con una mujer. Quiero casarme con ella y tener hijos. Este es mi sueño. Eres una persona extraordinaria y trabajadora, un verdadero artista que admiro. Desearía que pudieras encontrar a la persona correcta. Pero esa persona no soy yo. Por favor, no confundas más este sentimiento. Solo somos compañeros de trabajo. ¿Estaba claro?
Divino
Obvio. Gracias por ser honesto conmigo. Esto duele mucho, pero voy a superar. Espero que podamos vivir en paz y ser buenos colegas.
Brian
También deseo eso, Divino. Además, sé que no podemos ser amigos. Pero quiero al menos tener tu respeto.
Divino
Tienes mi respeto. ¡Quédate en paz!

Escena 37-trabajo

Divino
Ha llegado el gran día. Terminé la renovación de la casa de mis padres. Por eso te invito a almorzar en mi casa.
Ingrid

Genial, Divino. Estoy esperando hasta ahora.
Rick
No podré ir. Además, tengo una cita ese día. ¡Qué lástima!
Divino
¡Sin problemas! ¡Quizás en otro momento!
Brian
¡Será genial! ¡Estoy muy emocionada! ¿Cerveza y barbacoa?
Divino
Claro que sí. Haré un buen banquete. Debemos celebrar este logro, el nuevo hogar de mis padres.
Brian
Felicidades, amigo. Me alegro de ser parte de esta increíble historia. Un campesino que se convirtió en funcionario público.
Divino
Esto es solo el principio. Todavía quiero hacer mis hermosas películas. Sueño ganando un gran premio para mi país.
Brian
No dudo que pueda. Tienes suficiente fuerza y voluntad. ¡Que el éxito llegue!
Divino
¡Te lo agradezco! Lo mejor para ti también. Te estaré esperando el domingo en mi casa.
Ingrid
¡Combinado! ¡Estaremos allí!

Escena 38- Casa de Divino

Divino

¡Siéntete como en casa! ¡La casa es tuya!

Jefe

¡Tienes un hogar hermoso! Admiro tu preocupación por tu familia. Un buen hijo siempre será un buen profesional.

Divino

Les debo todo lo que soy a ellos. Mi familia es mi fundación. ¡Gracias por todo, mis padres!

Madre

Divino era un regalo que Dios me dio. Frente a la miseria, nunca dejó de soñar. Estudió duro para lograr tu objetivo. Creo que merece tener éxito.

Padre

Intenté ponerlo en el campo, pero pronto vi que no podía soportarlo. Además, le di una oportunidad y no me arrepiento. ¡Hoy, es mi orgullo!

Ingrid

Tomaste la decisión correcta. Su hijo es responsable, competente y eficiente. Él justifica su salario.

Brian

Siempre trabaja como equipo. Nos ayudamos mutuamente. Sus acciones me recuerdan a mi difunto padre, que también era un guerrero.

Divino

¿Cuál fue la causa de su muerte?

Brian

Enfermedad de Alzheimer.

Divino

Lo siento mucho. Si te puede consolar, siento que está en el cielo. La buena gente nunca muere. Acaban de cambiar. ¡Felicidad a tu vida!

Brian

Gracias, Divine. Muchas gracias por la oportunidad de estar aquí. Felicidades por tu logro.

Divino

¡Muchas gracias!

Escena 39... en el trabajo

Rebeca

Necesito hablar contigo. Se organizó una huelga nacional. Pido a todos que participen en este importante momento de nuestra carrera. Tenemos que luchar por mejoras.

Ingrid

Tienes todo mi apoyo. Quiero incrementos salariales, una nueva estructura profesional y mejores condiciones de trabajo.

Rick

Necesitamos organizar nuestras reclamaciones y tener suficiente enfoque. No podemos huir. Además, debemos ganar esta dura batalla.

Brian

Yo también estoy contigo. Sé lo importante que es mi participación para esta victoria. Y tú, Divine, ¿te callas?

Divino

No participaré. Necesito seguir trabajando y conseguir mi salario. Mi familia necesita esto mucho.

Rebeca

Eres muy egoísta. ¿Cómo vas a abandonarnos en ese momento?

Divino

Puedo ayudar de otra manera.

Rebeca

No hay otra manera. Estás huyendo de la batalla. Una huelga, cuando ocurre, es hecha para todos. Nosotros somos los que perderemos el pago. ¿Y vas a ganar todo sin hacer nada?

Divino

Quería que lo entendieras.

Brian

No hay manera de apoyarte, Divino. Perdóname, pero eres débil. ¿Estás solo?

Ingrid

No cuentes conmigo para nada, Divino. Eres una decepción.

Divino

Estoy cansado. Me voy a casa temprano. ¡Buena suerte a todos en huelga!

Escena 40 - En la sala de estar

Hombre

¿Por qué estás triste, Divino? ¿Puedes decirme qué pasó?

Divino

Las cosas se complicaron en el trabajo después de la huelga. No tengo apoyo de nadie más. Me siento en un lugar duro. Como quería tener mi libertad financiera para escapar de allí. Quería vivir de mi arte, pero mis intentos parecen totalmente insignificantes. Envié mis libros a los editores y no tengo respuesta. Además, intento encontrar un agente literario y en estos intentos he recibido más de doscientas cartas de rechazo. Trato de convencer a los productores de que produzcan mis guiones. Sin embargo, ninguno de ellos me presta atención. Estoy completamente solo y sin motivación.

Hombre

Lo siento. Los malos tiempos sirven de aprendizaje y superación. ¿Qué ves en tu futuro?

Divino

Tengo muchas esperanzas. Pero hay un largo camino por recorrer. Necesito reunir mis fuerzas y superarlo.

Hombre

¿Qué tal convertirte en protagonista en tu historia? Si los editores te rechazan, ¿por qué no te autopublicas tus obras? Si los productores no creen en su trabajo, ¿qué tal si hacen sus producciones? Hay software de animación en el mercado. Este consejo también es válido para los asuntos de amor. ¿Cuántos rechazos hasta ahora?

Divino

Diez rechazos.

Hombre

Bueno. Trata de ser feliz contigo mismo. No confíes en que nadie sea feliz. Viajar, practicar deportes, comer y vestir bien, de todos modos, disfrutar de la vida de la mejor manera posible.

Divino

Ya estoy haciendo esto. Soy una persona complacida. Aunque siento que algo falta en mí, estoy sobreviviendo. Conseguiré todo lo que quiera. Lo prometo.

Hombre

Así es como es. Estoy aquí para apoyarte. Todo el éxito del mundo para ti.

Divino
¡Que así sea!

Escena 41... En la habitación

Divino

¡No creerás lo que pasó! ¡Acabo de recibir una invitación de un productor extranjero! ¡Por fin, mi historia se convertirá en una película!

Hombre

¡Qué milagro! ¿Cómo se llama la película?

Divino

¡Está escrito! Cuenta la historia de un joven campesino que se convirtió en cineasta.

Hombre

Maravilloso. ¿Cuándo se grabará la película?

Divino

El mes que viene. Me despediré de mis compañeros de trabajo para viajar.

Hombre

Así que, ve rápido antes de que te arrepientas. ¿No dije que llegara tu día?

Divino

Después de diez años de pruebas y muchos premios en animación, Dios realizó el milagro. Ahora es el momento de despedirse.

Escena 41-En el trabajo

Divino

Vine a despedirme de todos. Voy a viajar al extranjero para

grabar mi película. Después, quizás no vuelva. Quiero agradecer todos los buenos tiempos.

Ingrid

No lo creo. ¡Qué milagro!

Rick

Nunca lo dudé. Un día, mi día también vendrá.

Brian

¿Cómo es Divino, nos dejarás? ¿No tienes consideración de los buenos tiempos que pasamos juntos?

Divino

Voy a ir tras mi sueño mientras tú fuiste tras el tuyo. También tengo derecho a ser feliz. Si no puedo tener amor, al menos seré feliz en el cine.

Brian

Lo entiendo perfectamente. Buena suerte en tu sueño. Estaré apoyando por ti.

Divino

¡Sé que es sincero! ¡Adiós!

Ceremonia 42-Oscar

Reportero de noticias

Y el premio Oscar este año va a:

¡Está escrito! De la Divino Torres.

¿A quién dedicas este premio?

Divino

¡Por Dios, en primer lugar! ¡Mi madre que me engañó y a mi familia en general! Por Brian, que me enseñó lo que es el amor y todos los soñadores. ¡Gané! ¡Este Oscar es de Brasil!

Reportero de noticias

¡Felicidades! ¡Muy bien merecido! ¿Qué deseas de ahora en adelante?

Divino

Quiero seguir ganando más premios y buscar el amor. No sé dónde está, pero sé que lo encontraré.

Reportero de noticias

Buena suerte, Divine. Felicidad en tu vida.

Divino

¡Gracias!

Escena 43-En casa

Divino

Recibí un correo electrónico. ¿Qué será? Es un mensaje de Brian. Pediré una cita conmigo, te veré para averiguar de qué se trata.

Escena 44-Playa

Divino

Gracias por haber realizado mi sueño de conocer la playa. Fue tan especial en este momento.

Brian

Quería estar contigo y realizar su sueño. Felicidades por el Oscar. Fui a la ceremonia. ¿Aún me amas?

Divino

Te amo desde el primer momento. Pero me trajo dolor porque no encajo en tu sueño.

Brian

No creo eso. Cuando hay amor, hay milagros. ¿Ve esto concha de mar? El agua de mar encaja en él. ¿Por qué no encajarías en mi sueño?

Divino

¿Me amas?

Brian

Siempre te quise, pero no me acepté a mí mismo. Cuando me di cuenta de que te perdería, me he reflexionado. Te quiero a ti. Quiero amarte para siempre. ¿Puedes perdonarme?

Divino

El amor perdona todas las cosas, cree todas las cosas y soporta todas las cosas. Gracias por existir. Gracias por mostrarme amor.

Brian

¡Mi pequeño!

Divino

¡Mi marrón! ¡Juntos para siempre!

El fin

www.ingramcontent.com/pod-product-compliance
Lightning Source LLC
LaVergne TN
LVHW020437080526
838202LV00055B/5229